Über die Autorin:

Christina de Groot wurde in Hamburg geboren. Nach einem mehrjährigen Aufenthalt in Italien beschloss sie, fortan als Schriftstellerin zu leben.
Ihre Geschichten sind stets mit großer Phantasie und einer besonderen Liebe zum Wort geschrieben. Es sind Geschichten, die aus dem tiefsten Herzen kommen und zutiefst im Herzen berühren.

Christina de Groot ist Autorin der Bestseller „Der sehr hohe Zaun", „Die Zaubertinte" sowie „Die Pilzbibliothek".
Außerdem sind von ihr u. A. erschienen: „Die kleine Pfütze", „Die kleine Spinne, die noch übte", „Die kleine Ameise und der Teppich", „Detektiv Schnüffel & Co.", „Die kleine Prinzessin und das Rotkehlchen" sowie die Abenteuer von „Willi Hummel" und die „Willi, die Europahummel" - Reihe.

Christina de Groot

Willi Hummel und der Plastikmüll

Bibliografische Information der Deutschen Nationalbibliothek
Die Deutsche Nationalbibliothek verzeichnet diese Publikation in der Deutschen Nationalbibliothek; detaillierte bibliografische Daten sind in Internet über http://dnb.d-nb.de abrufbar.

Umschlagbild: Christina de Groot
Verlag:
BoD · Books on Demand GmbH,
Überseering 33, 22297 Hamburg, bod@bod.de
Druck:
Libri Plureos GmbH, Friedensallee 273,
22763 Hamburg
ISBN: 978-3-8192-2780-6

Christina de Groot

Willi Hummel
und der Plastikmüll

„Wie jetzt?!" flüsterte Willi. Er saß auf dem Blatt einer Buche und starrte nach unten. Etwas großes Weißes zog seine Aufmerksamkeit auf sich, etwas Undefinierbares, dass er noch nie in den Großen Gärten gesehen hatte.

„Was bitte IST das?" dachte er, während er darauf zuflog. War das ein Tier? Er konnte nichts erkennen, was darauf hinwies, keinen Kopf, keinen Schwanz, keine Beine oder Füße und schon gar nicht Flügel. Und doch bewegte es sich, ganz leicht nur, aber es bewegte sich. „Vielleicht eine Pflanze", dachte Willi, „oder ein Teil einer Pflanze." Aber wie groß war dann bitte die Pflanze? Dieses Weiße war schon ziemlich groß, größer als die ganz große Blüte der Sonnenblume, auf der er sein Konzert als DJ gegeben hatte[1]. „Vielleicht Etwas von einem Menschenbalkon." dachte er. „Die gibt es hier ja reichlich."

Je näher er kam, um so sonderbarer fand er das, was er sah. Es sah aus, wie, ja, wie eigentlich? „Wie ein aufgepusteter, aber wiederum auch etwas schlaffer Beutel." dachte er. „So ähnlich wie die Beutel, die ich bei Hub in seiner unterirdischen Werkstatt gesehen

---

[1] Siehe „DJ Willi Hummel"

habe, die, in denen er[2] seine Arbeitsmaterialien aufbewahrt. Nur der hier ist viel größer!"

Willi bekam es ein wenig mit der Angst. Er liebte Neues und Unbekanntes, aber das hier wirkte irgendwie unheimlich. „Ich halte doch lieber etwas Abstand." dachte er. „Besser ist besser."

Er hörte ein Rascheln. Es kam aus der Richtung des weißen Etwas.

„Ist da Jemand?" rief er.

„Willi? Bist Du das?"

„Guido? Bist Du da etwa drin?"[3] Willis Herz begann wie wild zu klopfen.

„Ja! Und ich finde nicht hinaus."

Willi starrte auf das weiße Ding. „Was ist das, Guido?"

„Ich weiß auch nicht." antwortete Dieser. „Ich glaube, es ist kein Tier. Jedenfalls riecht es nicht wie ein Tier. Ich höre auch kein Herz klopfen. Naja, geht auch gar nicht, es ist nämlich hohl hier drin. Da ist kein Herz!"

---

[2] Hub ist ein Neugierkäfer, der eine große Werkstatt unter der Erde hat. Da er ein begnadeter Glaskünstler ist, hat er Willi einen passenden Astronautenhelm angefertigt, als dieser zum Mond fliegen wollte. Siehe „Willi Hummel auf dem Mond" (Teil 1 und 2)

[3] Guido ist eine Feldmaus, die auch in den Großen Gärten lebt.

„Aber es hält Dich doch fest, oder?" Willi versuchte erneut, Etwas zu erkennen. Wieso konnte Guido nicht raus? „Geht es Dir denn gut?" rief er.

„Ausser, dass ich hier drin bin, ja." antwortete Guido. „Siehst Du irgendeine Möglichkeit, wie ich hier rauskommen kann, Willi?"

„Nee, bisher nicht. Tut mir leid." antwortete Willi. „Aber ich fliege einmal drumherum. Vielleicht sehe ich Etwas, das uns weiterhilft."

Gleich darauf landete er wieder an derselben Stelle wie zuvor. „Nichts." sagte er betrübt. „Und nun?"

„Wenn wir nur wüssten, was das hier ist." hörte er Guidos Stimme. „Und vor Allem, ob es nicht vielleicht doch gefährlich ist. Wenn nicht, dann könnten wir alles Mögliche ausprobieren."

„Soll ich mal reinpieken?" fragte Willi. „Hast Du das schon probiert?"

„Ja, habe ich, aber es bringt nichts. Es ist ziemlich weich."

„Mmmmh..." machte Willi. „Irgend Etwas muss es doch geben!"

In dem Moment hörte er ein Knacken hinter sich. Als er sich umdrehte, sah er Jo, das Eichhörnchen. „Oh, nein!" rief sie. „Schon

wieder so eine verdammte Plastiktüte!"
„Eine WAS?" Willi sah sie mit großen Augen an.
„Das Weiße da." sagte Jo. „Das ist echt mies, wenn das in der Natur landet, erst recht, wenn es in die Natur geworfen wird!"
„Geworfen?" Willi verstand nicht, was Jo meinte. „Wer wirft mit Sowas?"
„Menschen." antwortete Jo. „Es gibt Welche, denen ist das völlig egal. Die werfen einfach Alles irgendwo hin, Hauptsache, sie sind es los." Sie kam näher. „Das hier" Sie zeigte auf das weiße Etwas. „ist eine Plastiktüte. Damit tragen die Menschen Dinge mit sich herum, z.B. Sachen, die sie gekauft haben, Essen oder was für ihr Zuhause."
Willi schaute sie fragend an. „Eine Tüte ist sowas wie ein Beutel, oder? Was ein Beutel ist, weiß ich. Ich kenne Beutel in klein von Hub. Aber was ist Plastik?"
„Das ist etwas ganz und gar Unnatürliches, etwas total Künstliches. In der Natur gibt es sowas nicht. Sowas würde die Natur nie machen. Es dauert ewig, bis sich Plastik vollkommen aufgelöst hat, Jahrzehnte, wenn nicht noch länger. Wenn es sich überhaupt auflöst. Solange ist es einfach. Sowas können sich auch echt nur

Menschen ausdenken." Jo hatte sich richtig in Rage geredet.
Willi war sich noch nicht ganz sicher, ob er wirklich verstanden hatte, wovon Jo sprach und warum sie so verärgert auf die Menschen war. Er hatte die Menschen bisher immer ziemlich faszinierend gefunden. Was Die Alles erfinden konnten! Das war schon beeindruckend, fand er, auch, wenn er nicht immer Alles toll fand oder verstand, so wie Geld z.B., das aus Papier oder Metall war. Wieso hatte DAS so eine große Bedeutung für die Menschen?
„Vielleicht gibt es ja auch etwas Gutes aus Plastik." sagte Jo. „Das weiß ich nicht. Diese Tüten jedenfalls sind echt schlimm. Wie leicht sich Tiere darin verhaken und dann nicht mehr freikommen können. Ich möchte nicht wissen, wieviele Tiere dadurch schon gestorben sind!" Sie schüttelte den Kopf.
Willi glaubte, sich verhört zu haben. „Gestorben?" flüsterte er entsetzt.
„Ja, gestorben." antwortete Jo. „Hier in den Großen Gärten haben wir bislang noch Glück gehabt. Aber auf der ganzen Welt leiden die Tiere wegen all' dem Plastik, das Menschen einfach so wegwerfen. Sogar im Wasser, in den

großen Meeren ist jede Menge davon! Ich habe ein paar Möwen in der Familie, die kommen echt viel rum und kennen viele Vögel, die ganz woanders auf der Welt leben. Es ist überall so!" Sie raufte sich die Haare. „Das ist richtig schlimm, Willi! Richtig schrecklich! Ein ganz grausamer Tod ist das für die Tiere." Jo war den Tränen nahe.

„Guido ist da drin!" flüsterte Willi, der es auf einmal mit der Angst bekam. Also konnte dieses weiße Ding doch töten!

„Oh!" Jo sah ihn mit großen Augen an. „Guido?" rief sie. „Bist Du ok?"

„Ich glaube schon." antwortete Guido.

„Hängst Du irgendwo fest? Ich meine, mit einem Fuß oder Deinem Kopf oder so?"

„Nein, zum Glück nicht. Ich finde hier nur nicht raus. Es gibt keinen Ausgang oder so, nicht die kleinste Lücke."

„Ich befrei' Dich!" rief Jo. „Hörst Du meine Stimme? Weißt Du, wo ich bin?"

„Ja", antwortete Guido. „ich glaube, Du stehst direkt vor mir."

„Dann geh' mal so weit zurück, wie Du kannst." rief Jo. „Ich reiß' gleich hier vorne, wo ich stehe, die Tüte auf. Ich weiß, wie das geht. Die

ist nicht so dick."
Guido ging soweit zurück, dass sein Po die Tüte berührte. Gleich darauf sah er, wie zwei Pfoten in die Tüte griffen. Die gesamte Tüte wackelte so sehr, als würde ein Sturm sie packen. Im nächsten Moment riss sie auf und Jos Kopf erschien. „Alles klar?" rief sie.
Guido sprang heraus. „Danke! Bin ich froh, raus zu sein!"
Willi hatte die ganze Zeit über mit großen Augen zugesehen. Was für ein Glück, dass Jo vorbeigekommen war! Jetzt wusste er, dass man dieses Ding namens Plastiktüte einfach aufreißen konnte. „Wenn man groß genug ist..." dachte er.
Erleichtert setzte er sich neben Guido ins Gras. „Wie bist du eigentlich da reingekommen?" fragte er.
„Wenn ich das nur wüsste..." antwortete Guido. „Es ging alles ganz schnell. Plötzlich war die Tüte da, und ich im nächsten Moment schon drin. Sie kam von oben. Zuerst dachte ich, dass eine Wolke vom Himmel gefallen ist, weil Alles um mich herum plötzlich so weiß war. Aber dann habe ich gemerkt, dass da eine bewegliche Wand war, und ich dadurch eingeschlossen war

und nicht mehr raus konnte. Da habe ich an die Vögel am Himmel gedacht, die durch die Wolken hindurch fliegen. Und da wusste ich, dass das gar keine Wolke war, die vom Himmel gefallen ist. Wolken haben ja keine Wände und auch keinen festen Rand, sonst würden die Vögel sich ja ständig stoßen. Und wie kommen sie dann überhaupt rein, ich meine, in die Wolken, und wenn sie drin sind, wie kommen sie wieder raus?" Er kratzte sich am Kopf. „Naja, wie dem auch sei... Jedenfalls bekam ich plötzlich eine Riesenangst. Was, wenn ich nicht wieder rauskam? Oh, das war wirklich ein ganz schrecklicher Moment!"

Willi war entsetzt und tief berührt. So Etwas passierte hier in den Großen Gärten, dem wunderbarsten Ort auf der Welt?

„Der Wind hat sie vermutlich hierher geweht", sprach Guido weiter. „woher, weiß ich nicht. Ich glaube, sie hängt irgendwo fest. Und sie hat sich verdreht, so in sich. Jedenfalls hat es sich so angefühlt. Der Wind hat ziemlich an ihr gerüttelt. Ich habe immer gehofft, sie wird einfach weggepustet, und ich bin dann wieder frei, aber dem war nicht so." Er hopste ein paarmal auf der Stelle und schüttelte sich

dabei. „Aber jetzt bin ich frei! Danke, Jo! Du hast mir das Leben gerettet!“
Jo strahlte ihn an. „Ich freue mich, dass ich Dir helfen konnte und vor Allem, dass es Dir gut geht! Jetzt schaue ich mir das Ganze mal näher an.“ Sie rüttelte an der Tüte. Natürlich bewegte sie sich, aber nicht von der Stelle. Sie hing tatsächlich irgendwo fest, so, wie Guido vermutet hatte. „Deswegen sind die Teile ja auch so gefährlich für uns Tiere.“ sagte sie. „Der Wind weht die Tüten überall hin und sie bleiben ganz leicht irgendwo hängen. Dass ein Tier sich darin verfängt, geht so schnell, so, wie du erzählt hast, Guido!“
„Wenn das so gefährlich ist, warum produzieren die Menschen dann Sowas?“ Willi konnte es nicht fassen.
„Weil sie sich darüber keine Gedanken machen.“ antwortete Jo. „Inzwischen wissen zwar Alle, dass so Etwas passieren kann, und nicht nur als Einzelfall, sondern weltweit überall. Trotzdem produzieren die Menschen immer noch Millionen und aber Millionen von solchen Plastiktüten, weil sie es praktisch finden, und es ihnen das Leben erleichtert.“
„Und uns Tieren kann es das Leben kosten...“

sagte Willi leise. Er war betrübt, zutiefst betrübt. Interessierten die Tiere die Menschen so wenig?

„Wenn sie sie wenigstens nicht einfach so wegwerfen würden." sagte Jo. Sie wirkte traurig. „Einfach so in die Natur. Die Pflanzen finden das auch nicht toll."

„Und was passiert jetzt mit der Tüte da?" Willi sah sie fragend an. „Nicht, dass noch mehr passiert!"

„Die entferne ich." antwortete Jo. „Ich reiße Alles ab und mache es ganz klein, und dann nehme ich es mit und werfe es in einen Mülleimer, da, wo es hingehört."

Die Drei verabschiedeten sich.

Willi beschloss, zu Truus[4] zu fliegen, seiner besten Freundin. Er brauchte jetzt dringend einen Ort, an dem er sich wohl fühlte und vollkommen sicher. Was sie wohl zu dem Ganzen sagen würde? Ob sie wusste, dass es so etwas wie Plastiktüten gab?

„Ja, davon habe ich schon mal gehört." sagte Truus. „Gesehen habe ich tatsächlich noch

---

[4] Sprich: Trüüs. Das ist ein holländischer Name, ein sehr schöner! Truus ist eine holländische Tulpe mit einer rot-gelben Blüte, für Willi die schönste auf der ganzen Welt!

Keine. Obwohl ich gehört habe, dass es Unmengen davon gibt." Sie schüttelte ihre Blüte. „Aber es ist übrigens auch nicht das Einzige, was es aus Plastik gibt, wusstest Du das?"
Willi verneinte.
„Es gibt so vieles aus Plastik", fuhr Truus fort. „Löffel und Schalen zum Beispiel. Wenn es in den Menschenhäusern bleibt, ist es ja okay. Aber es wird so Vieles in Plastik verpackt, in Plastikfolie zum Beispiel. Das ist ganz dünnes, weiches, durchsichtiges Plastik, mit dem die Menschen alles Mögliche einwickeln, um es zu schützen, für einen Transport zum Beispiel. Sie packen alles Mögliche ein, von Kleidung über Möbelteile bis hin zu Gegenständen für's Haus. Fast Alles! Es ist so verrückt! Und dann das ganze Essen, das in Plastik eingepackt ist!"
„Essen?" Willi sah sie ungläubig an. „Wieso packen die Menschen Essen in Plastik ein?"
„Auch zum Schutz." antwortete Truus. „Damit es beim Transport nicht so schnell kaputt geht oder eingeditscht wird, frisches Obst zum Beispiel. Kleine Sachen wie Körner oder Nüsse werden in kleine Tüten gefüllt, meistens Plastiktüten, und dann verkauft. Das macht ja

noch irgendwie Sinn."
„Ja, das macht tatsächlich Sinn." entgegnete Willi.
„Trotzdem ist das Herstellen von Plastik keine gute Idee." erwiderte Truus. „Vor Allem nicht in den Riesenmengen! Inzwischen machen sich zum Glück immer mehr Menschen Gedanken darüber, wie man es anders machen kann, also ohne Plastik. Hier ganz in der Nähe zum Beispiel gibt es einen Laden[5], da bringen die Menschen Gefäße selber mit, wenn man sie solche Sachen wie Körner oder Nüsse kaufen möchten. Das sind zum Beispiel Gläser, in denen vorher etwas Anderes war, Gläser mit einem Deckel zum Verschließen."
„Das ist ja eine gute Idee! Das könnten doch Alle machen!"
„Theoretisch schon." antwortete Truus.
„Und warum tun das dann nicht Alle?"
„Ich glaube, da haben die Menschen richtig viele Gründe, warum sie es nicht tun, viel zu viele Gründe, wenn Du mich fragst. Sie glauben die Gründe alle und wollen es gar nicht ändern, weil es so praktisch ist. Stell' Dir mal vor, Willi,

---

[5] Muttels - Vorratskammer und Genussmanufaktur, Papenhuder Straße 28, 22087 Hamburg

sie packen nicht nur Obst, sondern auch Gemüse in Plastik ein, oft in Plastikfolie, die ganz fest drumherum gewickelt wird."
Willi glaubte, sich verhört zu haben. „Gemüse auch?" Er wusste nicht, ob er darüber lachen sollte.
„Das Schlimme ist ja", sprach Truus weiter, „dass das Plastik, dass als Schutz dienen soll, irgendwann wieder abgenommen werden muss, sonst können die Menschen das Obst oder Gemüse ja nicht essen. Plastik können sie nicht essen. Da würden sie sterben."
„Ach? Sie auch nicht?" entfuhr es Willi. „Dann wissen Sie doch, dass das nicht gut ist." Er konnte das Ganze nicht verstehen. Zum ersten Mal war er irritiert, wenn er an die Menschen dachte. Es fühlte sich nicht schön an.
„Kennst du das Wort Müll?" fragte Truus.
Willi nickte. „Das ist das, was die Menschen wegwerfen. Das wird sogar gesammelt, habe ich gehört und mit großen Autos weggebracht von den Menschenhäusern."
„Vieles von dem Müll könnte sinnvoll verwendet werden." sagte Truus. „Und das machen die Menschen zum Teil auch schon. Aber das ist ein anderes, sehr spezielles Thema. Plastik macht einen ganz eigenen Müll: Plastikmüll. Und das ist eine der

schlimmsten Sachen auf der Welt, weil es so viel ist und überall, einfach, weil die Menschen so viel Plastikmüll erzeugen. Ach, Willi!" Sie seufzte. „Die Menschen müssen dringend Etwas dagegen tun, sonst..."

„Sonst?" Willi bekam es mit der Angst.

„Sonst ist es zu spät..." antwortete Truus leise. „Die Erde ist wirklich bedroht von all' dem, was die Menschen falsch gemacht haben. Plastikmüll ist nur ein Teil davon."

So besorgt und traurig hatte Willi Truus noch nie erlebt. Sonst war sie fast immer fröhlich und vor Allem zuversichtlich.

„Wir haben hier in den Großen Gärten bisher noch Glück gehabt." sagte sie. „So Etwas wie das, was Guido gerade erlebt hat, kam bis jetzt nicht vor, soviel ich weiß. Du weißt ja, ich spreche mit vielen Tieren und weiß ganz viel von dem, was hier passiert. Außerdem unterhalte ich mich auch mit Tieren von außerhalb, die zu Besuch hierher kommen. Und da habe ich schon Sachen gehört, also von Plastikmüll und so. Willi, das ist nicht zu fassen!"

„Magst Du es mir erzählen?"

„Klar. Aber es ist nicht schön." Und dann erzählte Truus von Tieren, die außerhalb der Großen Gärten lebten und schlimme Dinge erlebt hatten: Malte, der Marder, zum Beispiel hatte sich in einer Art Plastiknetz verheddert, aber sich zum Glück selber frei beißen können. Margret, die Wühlmaus, wäre fast erstickt, weil der Wind eine kleine Plastiktüte über sie geweht hatte, während sie schlief. Da sie sich im Schlaf immer wieder bewegt hatte, hatte sich die Tüte so um ihren Kopf gewickelt, dass sie nicht mehr einfach so abging. Im Nachhinein hat Margret sich das nicht erklären können, also, wieso sie das nicht gemerkt hat. Ihr Bruder hat sie dann zum Glück befreit. Barraquito, der Zaunkönig mit den spanischen Vorfahren, war ebenfalls in eine Art Plastikbeutel geraten. Dieser hatte in einem Busch gehangen, in den er geflogen war. Binnen Sekunden war er mit seinen zarten Beinen darin verfangen. Es hätte sein Tod sein können, hätte ihn nicht eine Raupe frei gebissen. Anni, das Igelmädchen aus Holland, hatte es ganz schlimm erwischt. Ihre vielen Stacheln waren in der Hinsicht ja sehr gefährlich, weil schnell Etwas hängen bleiben kann. Und genau das war der Fall gewesen: Reste von Plastiktüten und Verpackung aus Plastik hingen in ihren Stacheln fest. Sie trug sie mit sich herum und konnte sie nicht wieder loswerden. So hatte sie sich nicht mehr richtig einrollen können, was aber wichtig für Igel ist, wenn sie sich schützen müssen.

„Und wie ist sie das wieder los geworden?"

„Mitglieder ihrer Familie waren mit ein paar Vögeln befreundet, ich glaube, es waren Spatzen. Die haben Alles Stück für Stück entfernt."

„Ich kenne sie Alle!" flüsterte Willi erschüttert. „Sie haben der Zitrone so wunderbar geholfen. Erinnerst Du Dich daran? Das war die Zitrone, die von einem Zitronenbaum abgefallen war, der auf einem Menschenbalkon gestanden hatte. Im Sturm war ihr Stiel abgebrochen, einfach so. Sie wollte unbedingt wieder zu den anderen Zitronen zurück, und da haben ganz viele Tiere mitgeholfen, Margret, übrigens die fröhlichste Wühlmaus, der ich je begegnet bin, war dabei, genauso wie Barraquito und Anni."[6] Er atmete tief durch. „Sie Alle haben so etwas Schreckliches erlebt?"

Truus nickte. „Und das sind längst nicht Alle. Wenn ich an das gebrochene Bein von Fiete, dem Rotkehlchen, denke, oder an den gebrochenen Flügel von Hilal. Sie konnte dadurch ihrem Bruder nicht mehr helfen, das Nest zu bauen, das er und seine Frau dringend brauchten, weil sie Nachwuchs erwarteten. Kennst du Hilal? Sie hat die wohl schönsten blauen Federn, die ein Eichelhäher nur haben kann. Und sie kann Loopings fliegen, da glaubst du nicht, dass das ein Vogel ist. Sie war so unglücklich, als ihr Flügel gebrochen war. Wochenlang konnte sie keine Loopings mehr fliegen. Sie hat geweint und hatte Angst, dass sie es nie wieder können wird. Ach, Willi, und das sind ja nur ein paar Tiere von den unzählig vielen auf der ganzen

---

[6] Siehe „Willi Hummel und die Zitrone"

Welt, die durch Plastikmüll verletzt werden oder sogar sterben. Wenn ich an die Meere denke, die vom Plastik so sehr verschmutzt sind, all' die Fische, die davon betroffen sind."

Willi war das Herz schwer geworden. Er fühlte sich so hilflos, wenn er all' das hörte.

Über ihnen rauschte es. Als Willi hochsah, sah er Berta, die Gans. Er winkte ihr zu. Sie winkte zurück und setzte zur Landung an.

„Hallo, ihr Beiden!" rief sie, als sie auf dem Boden aufsetzte. Sie blickte von Einem zum Anderen. „Täusche ich mich oder seid Ihr heute besonders ernst? Was ist los?"

„Plastikmüll. Das ist los." antwortete Willi. „Ich kann gerade gar nicht fassen, was Truus mir Alles erzählt hat. Ich dachte immer, die Menschen machen so tolle Sachen, und jetzt das! Ich bin richtig durcheinander!"

„Das sehe ich." entgegnete Berta. „Und das tut mir leid." Sie kam näher. „Plastikmüll, sagst Du? Ja, das ist ein schlimmes Thema."

„Du weißt es auch?" Willi sah sie mit großen Augen an.

„Leider ja." antwortete Berta. „Ich habe echt schon furchtbare Sachen gesehen. Und ich habe sogar eine Cousine durch Plastikmüll verloren. Sie ist an einer Plastikschnur hängengeblieben und hat sich einen Flügel gebrochen, und da sie allein unterwegs war, hat das Niemand gesehen und sie auch nicht gehört, als sie um Hilfe gerufen hat." Berta hatte Tränen in den Augen.

„Aber..." Willis Herz fühlte sich auf einmal bleischwer an. Gestorben? Bertas Cousine? Wegen einer Plastikschnur? „Aber..." begann er erneut. „das, das..." Er wusste nicht, was er sagen sollte. Seine gesamte Welt war durcheinander geraten. Er fühlte eine Erschütterung in sich, die weh tat. Hatte er bisher in einer Parallelwelt gelebt? In einer Welt, die nur ein schöner Traum gewesen war? Er teilte den Beiden seine Gedanken mit.

„O, Willi!" sagte Truus. „Das glaube ich, dass Dich das durcheinander bringt. Das ist erschütternd, vor Allem, wenn man es zum ersten Mal hört oder erlebt, so wie Du mit Guido. Schade, dass die Menschen sich davon nicht so erschüttern lassen, wie Du. Ich glaube, das ist genau das Problem: dass sich zu viele Menschen nicht mehr berühren lassen davon. Genau DAS ist aber die Voraussetzung, um Etwas zu tun und Dinge zu verändern. Wenn mich der Schmerz eines anderen Lebewesens berührt, dann tue ich Alles, um zu helfen und die Situation zu ändern, die zu dem Schmerz geführt hat. Erst Recht, wenn das betroffene Lebewesen es nicht alleine kann. Wenn es in meiner Macht steht, dann tue ich es. Ich helfe, wenn ich es kann. Und die Menschen können es! Sie können uns Tieren helfen!

Sie haben die Möglichkeiten dazu!" Truus war richtig zornig geworden. Es war deutlich zu sehen und zu hören, wie sehr sie das Thema berührte und wie wütend sie darüber war.

Willi war immer trauriger geworden. Wie konnte man nicht helfen, wenn man die Möglichkeit dazu hatte?

„Plastik hat in der Natur nichts zu suchen!" sagte Berta. „Basta! Wenn die Menschen darauf achten würden, wäre schon viel getan." Sie sah, wie traurig Willi war. „Ich verstehe Dich, Willi! Das ist auch sehr traurig!"

„Können wir denn gar nichts tun?" fragte er leise.

„Du meinst, wir Tiere?"

Willi nickte.

„Ich befürchte, nicht. In diesem Fall liegt die Verantwortung voll und ganz bei den Menschen. Sie sind Diejenigen, die den Müll produzieren. Sie müssen sich darum kümmern."

„Was bedeutet Verantwortung?" Willi hatte das Wort schon mal gehört. „Ich glaube, ich verstehe, was damit gemeint ist. Aber so richtig weiß ich es nicht."

„Verantwortung heißt, dass man innerlich „Ja!" dazu sagt, dafür zu sorgen, dass Etwas entweder gut bleibt oder gut wird, wenn es nicht gut ist, und Alles zu tun, was dafür nötig ist. Dabei darf für Niemanden ein Schaden entstehen. Sonst ist es ja nicht gut." fügte Berta hinzu.

„Verantwortung…“ flüsterte Willi. „Ist das ein Menschending? Wir Tiere müssen doch nicht überlegen, ob wir helfen oder nicht oder ob wir Etwas wieder gutmachen. Wir tun das einfach. O.k., ein paar Ausnahmen gibt es bestimmt, aber die zählen jetzt mal nicht.“

„Bei den Menschen scheint das nicht so zu sein.“ entgegnete Berta. „Eigenartige Spezies…“

„Vielleicht werden sie nicht damit geboren“, gab Truus zu bedenken. „also mit der Fähigkeit zur Verantwortung.“

„Kann schon sein.“ erwiderte Berta. „Obwohl, eigentlich kann ich mir das nicht vorstellen. Kleine Kinder haben doch so viel Mitgefühl. Damit werden sie geboren, davon bin ich überzeugt. Wie viele kleine Kinder mich schon strahlend angesehen haben, und ich genau wusste, wir fühlen dasselbe!“

„Und wer Mitgefühl hat, der muss sowas wie Verantwortung nicht wirklich erst lernen.“ führte Willi den Gedanken fort. „Das macht man doch automatisch, wenn man Mitgefühl hat. Ich meine, dann weiß man doch, was das Beste ist.“

Berta und Truus nickten.

„Das ist ein sehr schöner Gedanke, Willi!“ sagte Truus. „Mitgefühl, ja, das ist wirklich etwas ganz Schönes!“

Sie schwiegen für eine Weile.

Irgendwann atmete Willi ganz tief durch. „Ich

glaube, ich möchte die Menschen trotzdem mögen." sagte er. „Trotz Allem. Ich will nicht damit aufhören, nur weil es Welche gibt, die sich richtig scheiße benehmen." Richtig scheiße hatte er auch noch nie gesagt. Aber jetzt fand er es passend. „Ich glaube, es gibt mehr tolle Menschen auf der Welt, als blöde. Die Blöden fallen vielleicht nur mehr auf..."
„Ich glaube, damit hast Du Recht!" entgegnete Truus lachend. „Aber sowas von!"
„Die Menschen müssen echt hinkriegen, dass die Blöden nicht so viel Raum kriegen." sagte Willi. „Von mir aus können die Blöden sich blöd benehmen, aber das darf keine Auswirkungen haben!"
„Genau!" stimmte Berta ihm zu. „Da sagst Du etwas sehr Wahres!"
„Es gibt so tolle Menschen!" fuhr Willi fort. „Das weiß ich! Die können die Welt zu einem ganz tollen Ort machen!"
„Ja, das können sie." sagte Truus. „Das glaube ich auch!"
Die Drei sahen sich an.
„Und nun?" fragte Willi.
„Ich will dann mal los." antwortete Berta. „Mein Bruder Bertram[7] wollte mir noch etwas ganz Wichtiges erzählen."
„Ich bleibe noch." sagte Willi. „Es ist so schön bei Dir, Truus!"

---

7 Siehe „Willi Hummel und die Gans vom Feenteich"

„Danke, Willi! Ich freue mich, wenn Du bleibst!"
Berta flog davon.
„Und wir beiden Hübschen?" fragte Truus.
„Wir genießen jetzt die Sonne." antwortete Willi.
Und das taten sie dann auch. Ein sanfter Wind wehte und ließ Truus' Blüte leicht hin und her schaukeln, was Willi herrlich fand. Ja, die Welt hatte auch dunkle Seiten. Aber sie war auch SO wunderschön, dass es kaum zu fassen war. „Ein einziger großer Zauber!" flüsterte er.
Und da Truus genau wusste, was er meinte, lächelte sie. Es war das Lächeln einer Blume, die die Welt genauso liebte wie Willi, trotz Allem. Und kommt es nicht genau darauf an: Die Welt zu lieben, mit Allem, was ist? Denn nur durch die Liebe verändert sich Etwas zum Guten. Willi jedenfalls will nie damit aufhören, zu lieben. Sonst wäre er ja auch nicht Willi Hummel. Und DAS wäre nun wirklich schade. Denn was wäre die Welt ohne ihn? Das möchte ich mir gar nicht ausdenken...

Ende

Danksagung

Manchmal schenkt Einem das Leben eine besondere Begegnung. In meinem Fall die mit Gabriele, meiner Schulfreundin. Nach mehr als 40 Jahren haben wir uns wiedergefunden. Und was soll ich sagen? Sie war es, die mich zu dieser Geschichte inspiriert hat. Ich danke Dir von Herzen, liebe Gabriele! Schön, dass es Dich (wieder) gibt!

Ich danke den wunderbaren Orten, an denen diese Geschichte entstanden ist, allen voran der Näscherei[8], dem Brühwerk[9] und Café O Fado[10]. Ich fühle mich wirklich gesegnet bei Euch!

Diese Geschichte war nicht geplant, da ich gerade an einem längeren Buch schreibe. Doch es passte so gut, dass ich für ein paar Wochen an beiden Büchern geschrieben habe. Dass dies so möglich ist, fasziniert mich selber! Ich liebe, was ich tue, und ich tue, was ich liebe! Dafür bin ich unendlich dankbar!

Und für Dich, Niels, mein Schatz, danke ich dem Himmel jeden Tag! Du bist so ein Geschenk! Ich liebe Dich!

---

[8] Papenhuder Straße 30, 22087 Hamburg

[9] Ferdinandstraße 40, 20095 Hamburg

[10] Hofweg 14, 22085 Hamburg

Es gibt übrigens noch jede Menge andere Abenteuer, die die kleine große Hummel erlebt:

Willi Hummel
Willi Hummel und das Croissant
Willi Hummel und der Maulwurf
Willi Hummel und der Regenwurm Pim
Willi Hummel hört die Flöhe husten
Willi Hummel und Gott
Willi Hummel auf dem Mond
Willi Hummel und die sprechende Flechte
DJ Willi Hummel
Willi Hummel und der fliegende Maulwurf
Willi Hummel und der Regenwurm Pim: Die Tarnung
Willi Hummel und die Gans vom Feenteich
u.A.

Und da Willi ja gerne reist, gibt es auch noch die Reihe:

Willi, die Europahummel

Bd. 1: Willi Hummel in Frankreich
Bd. 2: Willi Hummel in Holland.

Und dann gibt es auch noch andere richtig schöne Geschichten, nämlich diese Märchen:

Die Pilzbibliothek

Die Zaubertinte

Die kleine Prinzessin und das Rotkehlchen

Der sehr hohe Zaun

Die kleine Pfütze

Detektiv Schnüffelt & Co.

Die kleine Spinne, die noch übte

Die kleine Ameise und der Teppich

Die kleine Rose und der blaue Schmetterling

Jimmie Bohne

Rosinas großes Abenteuer

Es gäbe da auch noch ein Buch für Diejenigen, die an Wissenschaft, Forschung und Geschichte interessiert sind (aus einer ganz neuen Sicht! ;-)), und zwar:

Wie der Computer zu seinem Namen kam